O AMOR EM 101 FRASES INESQUECÍVEIS

O AMOR EM 101 FRASES INESQUECÍVEIS

Copyright © 2010 by Jardim dos Livros

Organização: Erika Sá

1ª edição – Maio de 2010

Editor e Publisher
Luiz Fernando Emediato

Diretora Editorial
Fernanda Emediato

Editor
Marcos Torrigo

Assistente Editorial
Renata da Silva

Capa e Projeto Gráfico
Alan Maia

Diagramação
Kauan Sales

DADOS INTERNACIONAIS DE CATALOGAÇÃO NA PUBLICAÇÃO (CIP)
(Câmara Brasileira do Livro, SP, Brasil)

O Amor em 101 frases inesquecíveis / [organização Erika Sá].
-- São Paulo : Jardim dos Livros, 2010.

Vários autores.

ISBN 978-85-63420-03-9

1. Amor - Citações, máximas etc. I. Sá, Erika.

10-05025   CDD: 808.882

Índices para catálogo sistemático

1. Amor : Citações : Coletâneas : Literatura   808.882
2. Amor : Máximas : Coletâneas : Literatura   808.882

JARDIM DOS LIVROS

ADMINISTRAÇÃO E VENDAS
Rua Pedra Bonita, 870
CEP: 30430-390 – Belo Horizonte – MG
Telefax: (31) 3379-0620
Email: leitura@editoraleitura.com.br
www.editoraleitura.com.br

EDITORIAL
Rua Major Quedinho, 111 – 7º andar, conj. 702
CEP: 01050-030 – São Paulo – SP
Telefax: (11) 3256-4444
Email: jardimlivros@terra.com.br

2010
Impresso no Brasil
Printed in Brazil

© Vasko Miokovic/iStockphoto.com

Introdução

O ato de escrever é dar substância, forma, em muitos casos revestir um sentimento, trazer à luz o que se sente na alma. A linguagem é a roupagem com que interagimos com o mundo. E quando o nosso mundo é inundado pelo amor as palavras dão vida a universos, sensações, emoções e momentos que são eternos. Como disse o poeta: *Amar é um verbo intransitivo*.

"Amor é fogo que arde sem se ver."

(Camões)

"És tu! És tu! Sempre vieste, enfim! Oiço de novo
o riso dos teus passos! És tu que eu vejo a
estender-me os braços que Deus criou
pra me abraçar a mim!"

(Florbela Espanca)

"Ninguém vive sem amor, neste mundo sublunar. Cada
pomba tem seu par, cada zagala um pastor."

(João Penha)

"Olhos que roubam a luz de Deus: só estes olhos podem ser teus. Olhos que falam Ao coração: olhos que sabem dizer paixão."

(Junqueira Freire)

"Amor! Enlevo d'alma, arroubo, encanto desta existência mísera."

(Gonçalves Dias)

"O lenço que tu me deste tem dois corações no meio; só tu no mundo é que sabes donde este lenço veio. Nas letras entrelaçadas vem o meu nome e o teu; bendito seja o teu nome que se enlaçou com o meu!"

(José Simões Dias)

© Alena Ozerova/Dreamstime.com

"Só por ter-me consciente de ti, nem a mim sinto."

(Fernando Pessoa)

"Teu sorriso é uma aurora que
o horizonte enrubesceu."

(Castro Alves)

"[Amor] É querer estar preso por vontade."

(Camões)

"Que puro céu! que pura noite! nem um rumor...
Só a guitarra em minhas mãos murmura: Amor!..."

(Olavo Bilac)

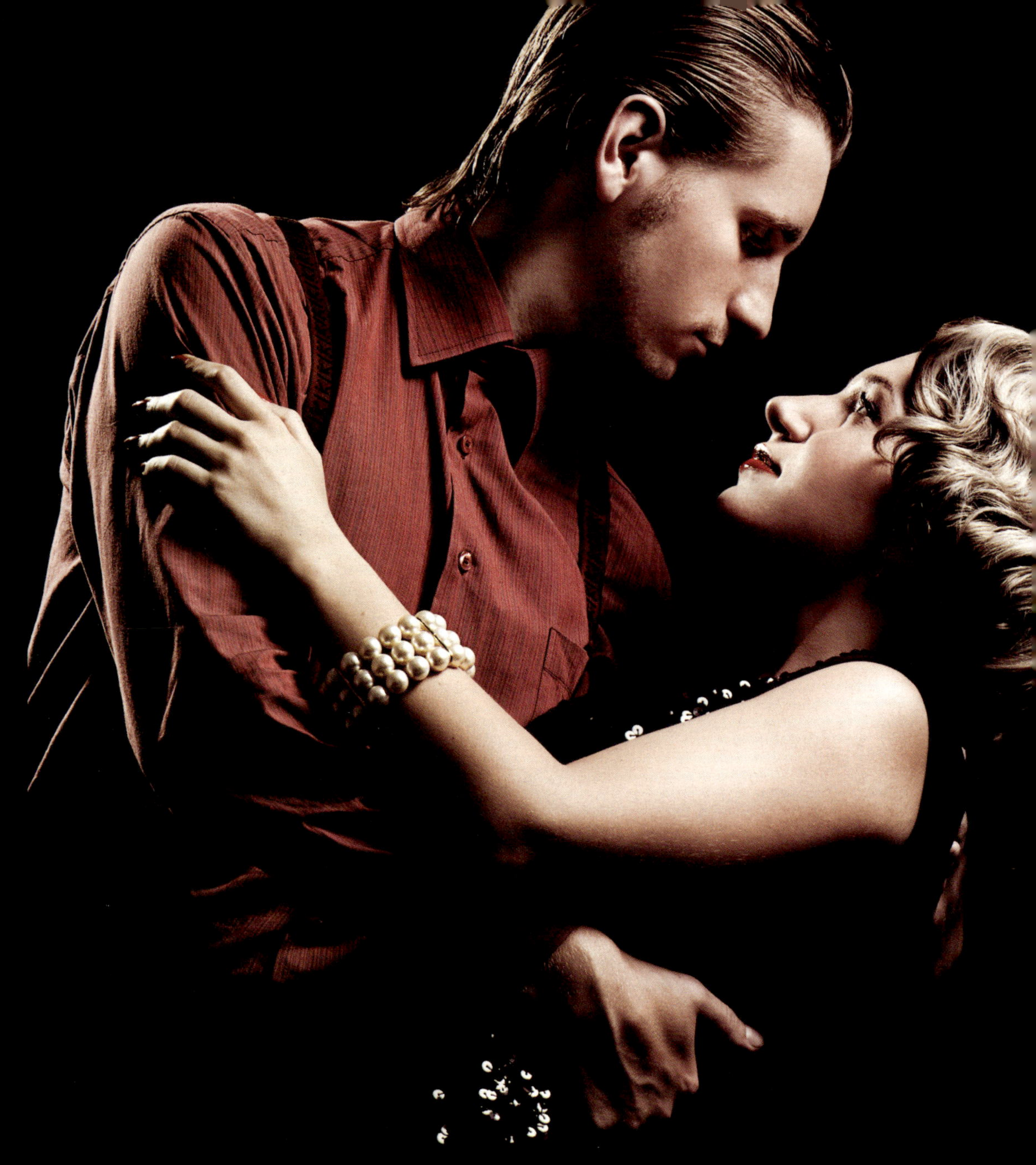

"Adoram os heróis; e os mesmos brutos aos grilhões de Cupido estão sujeitos."

(Tomás Antônio Gonzaga)

"Quem te pinta amores dum puro céu? Sou eu, sou eu, sou eu!"

(Gonçalves Dias)

"Ah! para sempre! para sempre! Agora não nos separaremos nem um dia... Nunca mais, nunca mais, nesta harmonia das nossas almas de divina aurora."

(João da Cruz e Souza)

"Amor, essa paixão que aos próprios deuses faria tresloucar, e andar em brasa."

(António Luís Ferreira)

"Enche-me bem a alma de ventura, com os sonhos de amor, que me revelas, e deixa-me beber-te a formosura, como os lagos, pela noite escura, bebem o oiro tremente das estrelas."

(João Lúcio Pousão Pereira)

"O vento e o mar murmuram orações, e a poesia das coisas se insinua lenta e amorosa em nossos corações."

(Antero Tarquino de Quental)

"Pois sei que a dor maior do meu tormento é sentir deste amor tal a grandeza que parece impossível dar-lhe aumento."

(Antonio da Fonseca Soares)

"Ó olhos, de onde Amor suas flechas atira contra mim, cuja luz me espanta e cega."

(Antonio Ferreira)

> "[Amor] É um não querer
> mais que bem querer."
>
> (Camões)

> "Como os meus beijos bebem,
> sequiosos, nos lagos de oiro e cinzas e metais,
> que são os teus olhos misteriosos,
> como os das águias reais!..."
>
> (João Lúcio Pousão Pereira)

> "Andava a procurar-me — pobre louca! —
> E achei o meu olhar no teu olhar, e a
> minha boca sobre a tua boca!"
>
> (Florbela Espanca)

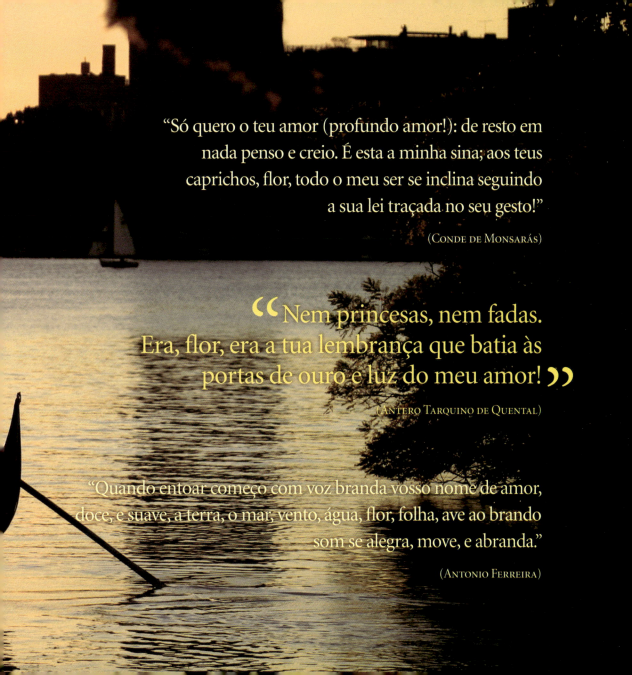

"Só quero o teu amor (profundo amor!): de resto em nada penso e creio. É esta a minha sina; aos teus caprichos, flor, todo o meu ser se inclina seguindo a sua lei traçada no seu gesto!"

(Conde de Monsarás)

"Nem princesas, nem fadas. Era, flor, era a tua lembrança que batia às portas de ouro e luz do meu amor!"

(Antero Tarquino de Quental)

"Quando entoar começo com voz branda vosso nome de amor, doce, e suave, a terra, o mar, vento, água, flor, folha, ave ao brando som se alegra, move, e abranda."

(Antonio Ferreira)

"Lembram-me aqueles olhos tentadores, aquelas mãos, aquele riso, aquela boca suave que respira amores..."

(Bocage)

"Sonho que eu vivo e por que há tanto, chamo! Quem me dera, através da minha vida encontrar, afinal, a que eu não amo!..."

(Fausto Guedes Teixeira)

"Que boca! É a flor mais viva, que agora está no jardim; mordendo a polpa dos lábios como quem suga o ressabio dos beijos de um querubim!"

(Tobias Barreto)

"Porque da mão nevada sai tão viva chama, que me eletriza e me devora? Os mesmos meus porquês me dizem: — Amo!"

(José Anastácio da Cunha)

"Se alguém se aflige de te ver chorosa, se alguém se alegra co'um sorriso teu, se alguém suspira de te ver formosa o mar e a terra a enamorar e o céu; se alguém definha por amor teu, sou eu, sou eu, sou eu!"

(Gonçalves Dias)

"Ó olhos, onde Amor amor inspira e amor promete a todos."

(Antonio Ferreira)

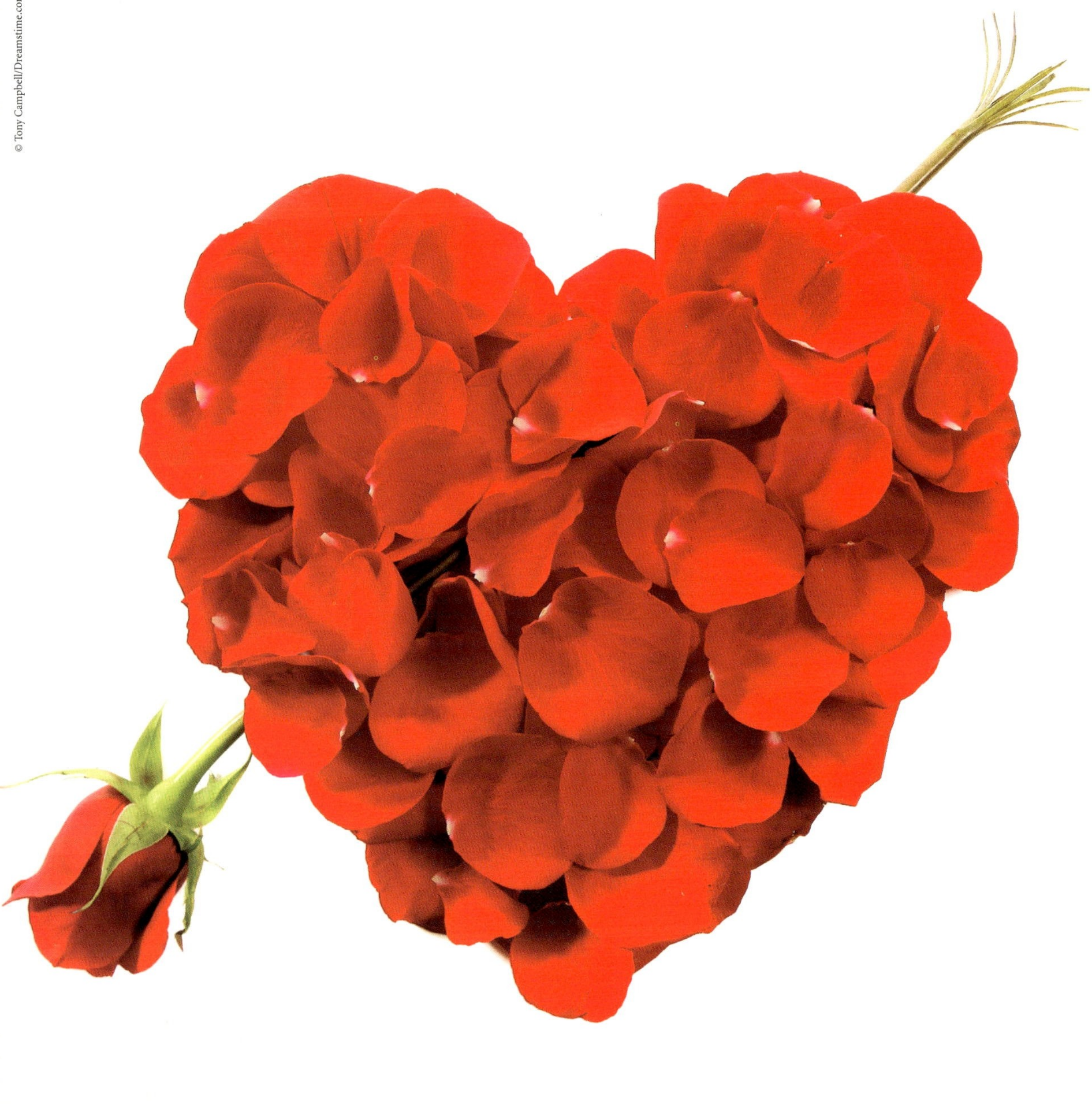

"Quando em meu desvelado pensamento o teu formoso gesto se afigura, não sei que afeto sinto, ou que ternura, que a toda esta alma dá contentamento."

(Reis Quita)

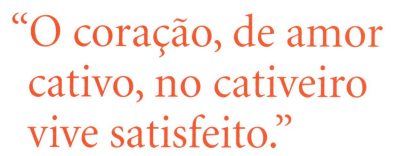

"O coração, de amor cativo, no cativeiro vive satisfeito."

(Viscondessa de Balsemão)

"Como ela vivia em mim. Como eu tinha nela tudo, minha alma em sua razão, meu sangue em seu coração!"

(Almeida Garrett)

"Em toda a parte a vejo e a figuro,
ela me toma a mão e vai guiando, e
meus olhos a seguem feitos fontes."

(Antonio Ferreira)

"Seu nome, sua voz — ouvia eu sempre."

(Gonçalves Dias)

"Nascemos para amar; a humanidade vai tarde, ou cedo
aos braços da ternura: tu és doce atrativo, ó formosura,
que encanta, que seduz, que persuade."

(Bocage)

"Teus Olhos que lindos olhos que estão em ti!"

(Junqueira Freire)

"Ao sopro de casto amor: seu rosto fica mais lindo."

(Tobias Barreto)

"O coração é a sagrada pira onde o mistério do sentir flameja. A vida da emoção ele a deseja como a harmonia as cordas de uma lira."

(João da Cruz e Souza)

"Sinto-me bem disposta como nunca; amo e sou amada — quero viver!"

(Aluísio de Azevedo)

"Assim eu te amo, assim; mais do que podem dizer-to os lábios meus."

(Gonçalves Dias)

"[Amor] É cuidar que se ganha em se perder."

(Camões)

"Têm tal encanto os olhos teus! — Quem pode mais? Eles ou Deus?"

(Junqueira Freire)

"*Em teu amor, a sonhar, no ouvido e no olhar levando tua voz e teu olhar.*"

(Olavo Bilac)

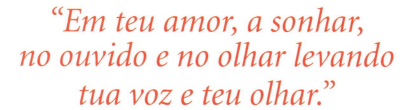

"A juventude falou-me ao coração: — amemos, disse, porque amar é viver."

(Gonçalves Dias)

"Tua voz é cavatina dos palácios de Sorrento, quando a praia beija a vaga, quando a vaga beija o vento."

(Castro Alves)

"Não me basta saber que sou amado, nem só desejo o teu amor: desejo ter nos braços teu corpo delicado, ter na boca a doçura de teu beijo."

(Guimarães Júnior)

"O coração que sente vai sozinho, arrebatado, sem pavor, sem medo... Leva dentro de si raro segredo que lhe serve de guia no Caminho."

(João da Cruz e Souza)

"No odor dos teus perfumes te procuro, tuas pegadas sigo; velo teus dias, te acompanho sempre."

(Gonçalves Dias)

"Teu amor na treva é – um astro, no silêncio uma canção, é brisa – nas calmarias, é abrigo – no tufão."

(Castro Alves)

"E o Coração vai nobre e vai confiante, festivo como a flâmula radiante agitada bizarra pelos ventos..."

(João da Cruz e Souza)

"Mas como causar pode seu favor,
nos corações humanos amizade se tão
contrário a si é o mesmo Amor?"

(Camões)

"O que espero, cobiço, almejo,
ou temo de ti, só de ti pende."

(Gonçalves Dias)

"Olhos do meu Amor! Fontes... cisternas...
Enigmáticas campas medievais...
Jardins de Espanha... catedrais eternas..."

(Florbela Espanca)

"O amor fala mais alto
no silêncio
do que no ruído.
Os olhos são os lábios
da criatura que ama."

(Guimarães Júnior)

"Como a alma pura,
que teu corpo encerra, podes,
tão bela e sensual, conter?
Pura demais para viver na terra,
bela demais para no céu viver."

(Olavo Bilac)

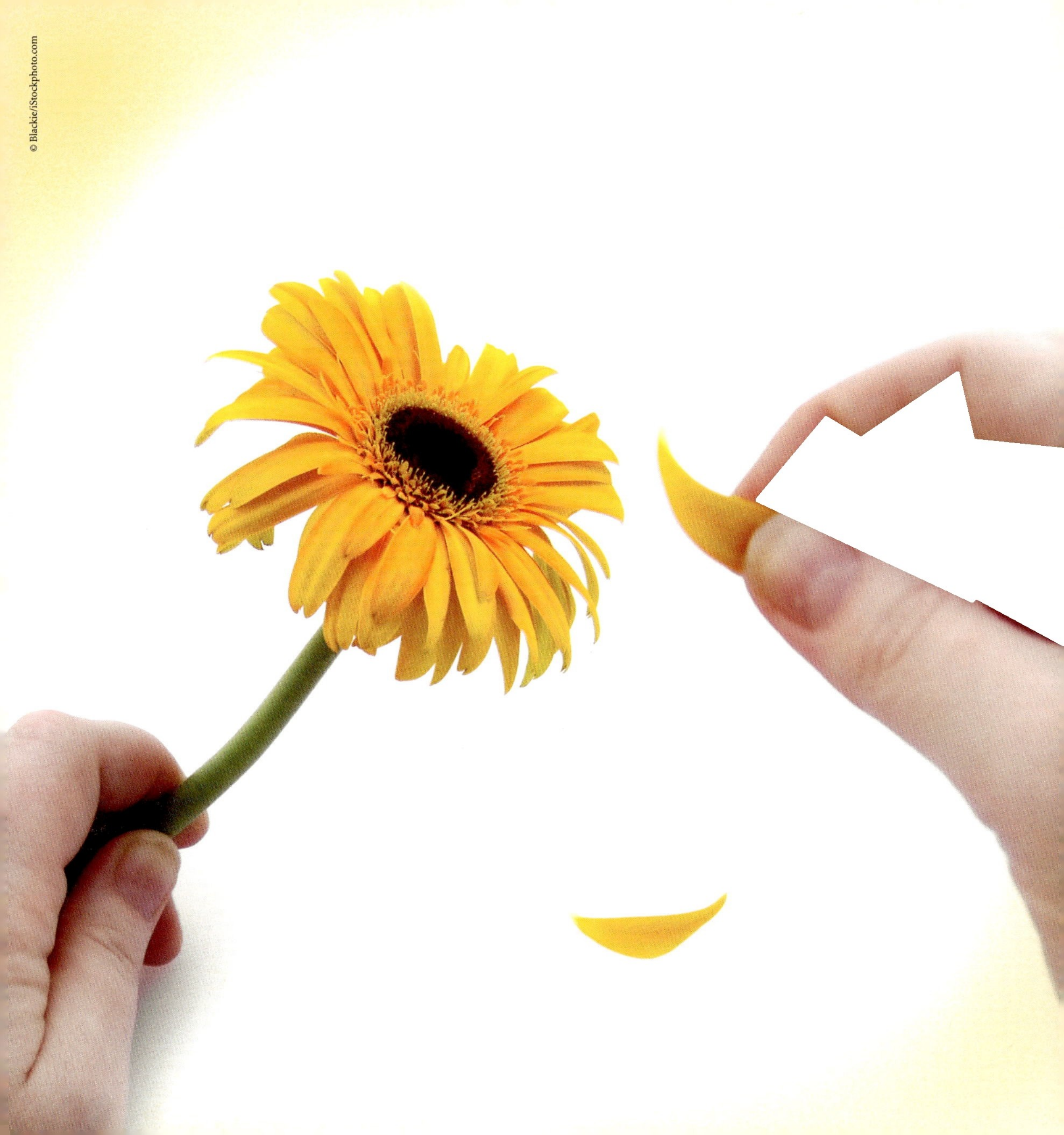

"Vai palpitando, ardente, emocionado o velho Coração
arrebatado, preso por loucos arrebatamentos!"

(João da Cruz e Souza)

"Em ti o meu olhar fez-se alvorada,
e a minha voz fez-se gorjeio de ninho,
e a minha rubra boca apaixonada teve
a frescura pálida do linho."

(Florbela Espanca)

"A vida inteira concentrei num só
ponto — amá-la, e sempre."

(Gonçalves Dias)

"Olha-me! O teu olhar sereno e brando entra-me o peito, como um largo rio de ondas de ouro e de luz, límpido."

(Guimarães Júnior)

"*[Amor] É dor que desatina sem doer.*"

(Camões)

"Teu amor que é minha vida, que é meu cismar, que é só meu; esse que te faz formosa entre todas as mulheres, onde achá-lo?! — Minha rosa... Minha és tu!... como sou teu."

(Gonçalves Dias)

"E para te encontrar
foi que eu nasci..."

(Florbela Espanca)

"Vós, não! Vós sois a poesia! Sois a cisma,
sois a saudade, sois a serenata, sois o luar
sois a tranquilidade; vós sois a ternura, e o amor!"

(Guimarães Júnior)

"E vou sozinho, pensando em teu amor, a sonhar,
no ouvido e no olhar levando tua voz e teu olhar."

(Olavo Bilac)

"*Amei! – dedicação, ternura,
extremos cismou meu coração,
cismou minha alma.*"

(Gonçalves Dias)

"[Amor] É nunca contentar-se de contente."

(Camões)

"*Eu amo esses olhos que falam de
amores com tanta paixão.*"

(Gonçalves Dias)

" Tão lindos olhos eu nunca vi...
Pode haver belos, mas não tais quais;
não há no mundo quem tenha iguais.

(Junqueira Freire)

"E eu gosto tanto dela que não sei como a desejar.
Se a não vejo, imagino-a e sou forte como
as árvores altas. Mas se a vejo tremo,
não sei o que é feito do que sinto na ausência dela."

(Alberto Caeiro – pseudônimo de Fernando Pessoa)

"Caminho. A terra deserta anima-se. Aqui e ali,
por toda parte desperta um coração que sorri."

(Olavo Bilac)

"A mais segura montanha, pode o tempo derribar, mas teu nome no meu peito não é capaz de apagar."

(Guimarães Júnior)

"[Amor] É um contentamento descontente."

(Camões)

"Se há Cupido, é só teu rosto, que ele foi quem me venceu"

(Tomás Antônio Gonzaga)

Amor

"A tua linda voz de água corrente ensinou-me a cantar... e essa canção foi ritmo nos meus versos de paixão, foi graça no meu peito de descrente."

(Florbela Espanca)

"Ainda guardo, intacta, na memória, aquela ingênua e deliciosa história, que foi o meu e o teu primeiro amor."

(Paulo Setúbal)

"Dir-se-ia que as almas dos que amaram em vida transformaram-se em raios de estrelas e raios de lua, para ensinarem aos que vivem o sagrado romance do amor!"

(Guimarães Júnior)

"Mal vi seu rosto perfeito dei logo um suspiro, e ele conheceu haver-me feito estrago no coração."

(Tomás Antônio Gonzaga)

"As estrelas surgiram todas: e o limpo véu,
como lírios alvíssimos, cobriram do céu.
De todas a mais bela não veio inda, porém:
falta uma estrela... És tu! Abre a janela, e vem!"

(Olavo Bilac)

"[Amor] É solitário andar por entre a gente."

(Camões)

"Cada sorriso seu era uma esp'rança,
e cada esp'rança enlouquecer de amores."

(Gonçalves Dias)

beijo

"Em tudo palpita um beijo, longo, ansioso, apaixonado, um delirante desejo de amar e de ser amado."

(Olavo Bilac)

"Grande amor, grande amor, grande mistério que as nossas almas trêmulas enlaça..."

(João da Cruz e Souza)

"Meu Amor, meu Amado, vê... repara:
Poisa os teus lindos olhos de oiro em mim,
— Dos meus beijos de amor Deus fez-me avara
para nunca os contares até ao fim."

(Florbela Espanca)

"O nosso amor era mais que amor — o meu e o dela a amar;
um amor que os anjos do céu vieram a ambos nós invejar."

(Edgar Allan Poe – tradução de Fernando Pessoa)

"O que é belo, o que é justo,
santo e grande amo em ti."

(Gonçalves Dias)

"[Amor] Selo perpétuo, puro e peregrino
que prende as almas num igual destino."

(João da Cruz e Souza)

"[Amor] É ferida que dói e não se sente."

(Camões)

"E à volta, Amor... tornemos, nas alfombras
dos caminhos selvagens e escuros,
num astro só as nossas duas sombras!..."

(Florbela Espanca)

"Talvez sonhasse,
quando a vi."
(Olavo Bilac)

"Uma alma sobre todas elevada não cede a outra força, que não seja a tenra mão de amor."
(Tomás Antônio Gonzaga)

"O amor é uma companhia."
(Alberto Caeiro – *pseudônimo de Fernando Pessoa*)

"[Amor] É servir a quem vence, o vencedor."

(Camões)

"Tão abstrata é a ideia do teu ser que me vem de te olhar, que, ao entreter os meus olhos nos teus, perco-os de vista"

(Fernando Pessoa)

"Gosto de ti apaixonadamente,
de ti que és a vitória,
a salvação, de ti que me trouxeste pela mão até
ao brilho desta chama quente."

(Florbela Espanca)

"Mas não sei que luz me banha todo de um vivo clarão; não sei que música estranha me sobe do coração. [...] E é tanta essa luz, é tanta essa música sem par, que nem sei se é a luz que canta, se é o som que vejo brilhar."

(Olavo Bilac)

"[Amor] É ter com quem nos mata lealdade."

(Camões)

"Dize-me, Amor, como te sou querida, conta-me a glória do teu sonho eleito, aninha-me a sorrir junto ao teu peito, arranca-me dos pântanos da vida."

(Florbela Espanca)

Escreva aqui a canção que te faz lembrar de seu amor.

Escreva aqui uma mensagem para a pessoa amada.